Uli Bott

Erzieherinnen Glücks Tagebuch

Achtsamkeit
für jeden Tag

HERDER
FREIBURG · BASEL · WIEN

MIX
Paper from responsible sources
FSC® C010798
www.fsc.org

www.herder.de

Zitat Seite 13: Anthony de Mello, Eine Minute Unsinn.
Freiburg: © Herder 2012, S. 203.

Umschlaggestaltung, Layout, Satz & Gestaltung: Uwe Stohrer, Freiburg

Herstellung: Graspo CZ a.s., Zlín
Printed in Printed in the Czech Republic

ISBN 978-3-451-37988-8

Inhalt

Einleitung

Liebe Leserin, lieber Leser,
herzlich willkommen auf der ersten Seite Ihres Glückstagebuches!

So anstrengend es manchmal sein mag, das Leben mit seinem immer wiederkehrenden Alltag und der Vielzahl von Verpflichtungen, so ist es doch unser Leben, und wir haben nur dieses eine. Daher wünsche ich Ihnen von ganzem Herzen, dass Sie Ihr Leben genießen können, am besten jeden Tag ein kleines bisschen mehr. Dass Sie glücklich sind mit Ihrem Berufsalltag und Freude an Ihrem Leben haben. Werden Menschen auf dem Sterbebett gefragt, was sie in ihrem Leben lieber anders gemacht hätten, kommt immer wieder die gleiche Antwort: Alle hätten sich rückblickend gerne erlaubt, glücklicher zu sein und mehr Zeit mit ihren Liebsten zu verbringen.

Gerade in sozialen Berufen ist es von elementarer Bedeutung zu lernen, gut für sich selbst zu sorgen. Im Kita-Alltag sind Sie stets die Energietankstelle für andere – für die Kinder, die Trost, Hilfe oder Unterstützung brauchen, und für die Eltern, die mit ihren Wünschen und Nöten zu Ihnen kommen. Wer hier unachtsam mit sich selbst ist, läuft Gefahr, auszubrennen. Schließlich können wir auf Dauer nur dann gut für andere sorgen, wenn es uns auch selbst gut geht und wir unsere Kraft spüren.

Mit diesem Tagebuch können Sie beginnen, gut für sich zu sorgen und so Ihr Glück selbst in die Hand zu nehmen. Versuchen Sie, Ihren Fokus auch und gerade auf die kleinen positiven Aspekte des Alltags zu richten. Je öfter

wir positive Gedanken denken, umso glücklicher werden wir. Jeder hat die Wahl: Wir können unsere Aufmerksamkeit den Dingen zuwenden, die uns Freude bereiten, oder jenen Aspekten, über die wir uns ärgern. Leider treten häufig die negativen Momente stärker in den Vordergrund. Und das führt dazu, dass wir uns beschweren, ärgern, aufregen – über das Wetter, den Rasenmäher in Nachbars Garten, die Politiker in irgendeinem Land, über Unpünktlichkeit und vermeintlichen Eigensinn …
Das Glückstagebuch ist quasi Ihr Trainingsprogramm fürs Gehirn, weil Sie damit lernen können, Ihre Gedanken verstärkt auf die schönen Seiten des Lebens auszurichten. Und sich so immer besser fühlen – mit jedem Eintrag ein kleines Stück mehr. Gleichzeitig entsteht durch das regelmäßige Schreiben eine Gewohnheit, und Sie fangen an, Ihren Blick neu auszurichten. Denn das Leben wird heute gelebt und rückblickend verstanden. Erlauben Sie mir einen Wunsch: Lassen Sie nicht zu, dass Sie gelebt werden. Machen Sie das Beste aus Ihrem Leben. Genießen Sie jeden Tag!

Wenn dieses kleine Büchlein Sie dabei ein Stückchen unterstützen würde, freue ich mich von Herzen. Schenken Sie mir Ihr Feedback? Schicken Sie mir gerne Ihre Meinung, Ihre „Veränderungsgeschichte“ und auch Ihre Fragen an:
tagebuch@ubstairs.de

Herzlichst
Ihre Uli Bott

Anleitung zum Glücklichsein

Oder: Wie Sie dieses Tagebuch nutzen können

Das Glückstagebuch will Sie morgens und dann noch einmal am Abend begleiten. Wir wissen, dass Menschen, die mit positiven Gedanken in den Tag starten, auch deutlich motivierter den kommenden Herausforderungen und Aufgaben begegnen. Und abends vor dem Einschlafen sind gute Gedanken der Wegweiser für unsere Träume.
Außerdem ist es wissenschaftlich erwiesen, dass Menschen Dingen, die sie niedergeschrieben haben, mehr Bedeutung beimessen. Beim Schreiben wird ein zusätzlicher Sinneskanal benutzt, wodurch der Inhalt tiefer im Gehirn verankert wird.

Weiter konnte belegt werden, dass Routinen zu neuen Trampelpfaden im Gehirn führen. Am Anfang wird es sicherlich ungewohnt sein, regelmäßig ein Tagebuch zu führen. Doch nach ungefähr 60 Wiederholungen wird aus einer Aktivität eine Gewohnheit, die Sie vielleicht sogar vermissen werden, wenn Sie einmal nicht die Zeit dazu haben. Ich kann Ihnen aus eigener Erfahrung berichten, wie sehr es mich unterstützt, meinen Fokus jeden Tag ein bisschen mehr auf das halbvolle statt das halbleere Glas auszurichten. Und viele meiner Fortbildungsteilnehmer sind nach einigen Wochen Tagebuchpraxis spürbar gelassener und entspannter.
Sie können das Tagebuch natürlich auch nur hin und wieder benutzen, wenn Ihnen die Vorstellung, jeden Tag einen Eintrag zu machen, Stress bereitet. Das Schreiben ist auf jeden Fall ein effektiver erster Schritt, um sich auf das Positive im Leben auszurichten.
Damit Ihnen das leichter gelingt, folgt das Tagebuch immer der gleichen Struktur. Neun Wochenimpulse leiten Sie durch die kommenden Monate und dienen

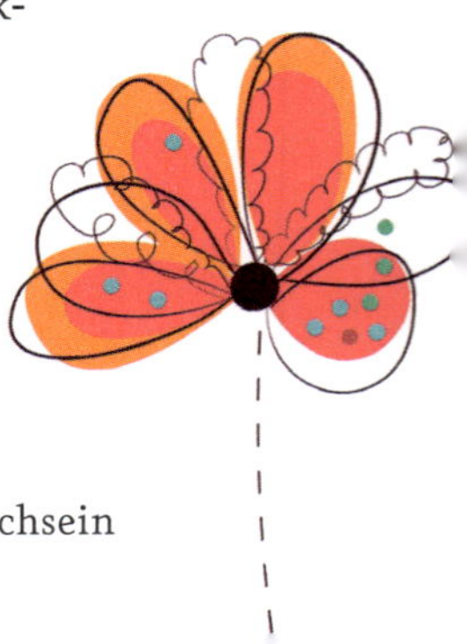

der Inspiration, wenn Sie dann Ihre Tagebuchseiten einzeln füllen. Auf der aktuellen „Tagesseite“ finden Sie jeweils ein einladendes Zitat, dem sich die zu reflektierenden Punkte anschließen, die einheitlich nach folgendem Schema aufgebaut sind:

Dankbarkeit schenkt Lebensglück

An erster Stelle lade ich Sie jeden Tag ein, zu überlegen, wofür Sie dankbar sind. Denn Dankbarkeit ist die Kraft, die Berge versetzen kann. Warum das so ist? Wenn Sie dankbar sind, richten Sie automatisch Ihre Aufmerksamkeit auf etwas Positives und damit weg von negativen Erlebnissen. Deshalb ist es ein wunderbares Hilfsmittel, den eigenen „Dankbarkeitsmuskel“ zu trainieren.

Gerade im Kita-Alltag gibt es häufig Situationen, über die wir uns aufregen könn(t)en: Eltern, die sich beschweren, Kinder, die immer eine Extra-Einladung benötigen, Kollegen, die sich nicht an Absprachen halten … Doch genauso ereignen sich Herzens-Momente: ein Kind, das uns anstrahlt, eine nette Geste einer Mutter oder die Kollegin, die unerwartet einen Dienst übernehmen kann … Je leichter es Ihnen gelingt, den Fokus auf die schönen Momente zu richten und dafür dankbar zu sein, desto niedriger ist, rein physisch gesehen, auch Ihr Cortisol-Spiegel und umso entspannter sind Sie.

Wundervolles für den Tag

Danach möchte ich Sie einladen, zu überlegen, was den heutigen Tag liebenswert für Sie machen könnte. Worüber würden Sie sich ganz besonders freuen? Ob Ihr Wunsch realistisch ist oder nicht, spielt keine Rolle.

Wichtig ist lediglich, dass Ihnen der Gedanke daran gute Gefühle bereitet. Vielleicht meint jetzt der ein oder andere, was so eine Träumerei schon nützen kann … Doch denken Sie an das Phänomen der selbsterfüllenden Prophezeiung. Mit diesem Begriff wird der Mechanismus beschrieben, dass derjenige, der an eine bestimmte Vorhersage glaubt, sich auch so verhält, dass sie sich erfüllt. Programmieren Sie Ihr Gehirn um, indem Sie morgens aufschreiben, was heute passieren müsste, damit Sie einen richtig schönen Tag erleben.

Mein „Tagesmantra"

Viele Menschen machen sich keine großen Gedanken darüber, wie sie den heutigen Tag erleben möchten. Vielleicht, weil der sichere Glaube an viele weitere Tage so selbstverständlich ist. Ein wesentlicher Aspekt glücklicher zu sein, besteht jedoch darin, sich bewusst zu machen, welche Intention Sie heute oder in dieser Woche haben.

Deshalb lautet die dritte Reflexionsfrage: Welchen bestimmenden Gedanken möchten Sie immer wieder im Kopf haben, um sich zu entspannen? Welches Mantra, welcher Satz ist es, der Sie zentriert und bei sich ankommen lässt? Vertrauen Sie auf Ihr Gefühl!

Die folgenden Vorschläge können Ihnen dabei als Inspiration dienen:

- Ich bin ein Glücksmagnet
- Ich bin Frieden
- Ich lebe voller Dankbarkeit
- Ich wähle Freude
- Ich bin ein Geschenk für die Welt
- Ich bin achtsam mit mir selbst
- Ich diene anderen
- Ich erfreue mich an Kleinigkeiten
- Ich mag mich jeden Tag ein bisschen mehr
- Ich bin erfüllt von guten Gedanken
- Ich teile mein Licht mit der Welt
- Ich wähle Frieden anstatt Drama
- Alles ist in mir
- Ich erlaube mir, glücklich zu sein und ein erfülltes Leben zu führen
- Mein Leben ist immer für mich
- Ich vertraue, und ich lasse los
- Ich sehe das Gute in allen Momenten
- Ich bin erfüllt von Dankbarkeit
- Ich bin nicht perfekt, und das ist gut so

Meine Vision

Jeder von uns ist ein Diamant, der in die Welt strahlt. Sie haben, wie wir alle, einzigartige Talente und Fähigkeiten, die Sie auszeichnen. Wenn Sie wissen, was Ihr Leben lebenswert macht, was Ihnen wichtig ist und Ihre Seele zum Klingen bringt, dann erwächst daraus eine unbändige Motivation. Vielleicht nehmen Sie sich einmal Zeit, zum Beispiel auf einem ausgedehnten Spaziergang, um sich Ihrer eigenen Vision zu widmen. Eine Frage, die ich dabei sehr hilfreich finde, lautet: Wer will ich sein?

Anschließend formulieren Sie Ihre Gedanken dazu aus und übertragen sie in einem Satz jeden Tag in Ihr Tagebuch. Viele meiner Fortbildungsteilnehmer blühen sichtbar auf, wenn ihnen so klar wird, dass sie „Zukunftsgestalter" sind. Denn als pädagogische Fachkraft betreuen Sie nicht einfach nur Kinder. Wenn Sie sich bewusst machen, dass Sie im Laufe Ihrer Berufstätigkeit hunderte, wenn nicht tausende Kinder ins Leben begleiten, dann wird deutlich, dass Sie einen wesentlichen Beitrag zu unserer Welt von morgen leisten. Wie wir alle und Sie im Besonderen heute mit den Kindern umgehen, hat direkten Einfluss darauf, zu welchen Erwachsenen von morgen sie sich entwickeln.

Wenn ich daran denke, was ich mir für mein Alter wünsche, dann sind das Menschen, die ihr Herz am rechten Fleck haben. Die liebevoll mit mir umgehen und mich annehmen, auch wenn ich vielleicht nicht mehr leistungsfähig bin. Doch was brauchen Kinder, um Empathie zu entwickeln? Sie brauchen Erwachsene, die sie in ihrer Entwicklung begleiten, unterstützen, ermutigen und voller Freude viel dafür tun, dass sie eine glückliche Kindheit erleben können.

Auch die Welt für Kinder ein bisschen schöner zu machen, gelingt erfahrungsgemäß leichter, wenn Sie für sich eine Vision entwickelt haben. Wenn Sie eine Idee verfolgen, warum Sie tun, was Sie tun. Und wenn wir uns diese Vision täglich bewusst machen, dann erscheinen Alltagsschwierigkeiten auf einmal in einem ganz anderen Licht und können viel leichter bewältigt werden.

Zum Feiern

Diesen letzten Punkt bearbeiten Sie dann abends. Lassen Sie kurz vor dem Einschlafen noch einmal den Tag vor Ihrem inneren Auge ablaufen und greifen Sie einen „Erfolg" heraus, der Ihnen heute gute Gefühle geschenkt hat. Erfolge sind übrigens viel kleiner, als wir meist denken. Es könnte ein Erfolg sein, dass Sie in einer Situation ruhig geblieben sind, ein Gespräch gut geführt haben, eine Idee weiterentwickeln konnten …

Jeder von uns hat seine persönliche Definition von Erfolg. Deshalb ist es überhaupt nicht wichtig, ob jemand anderes Ihren Aspekt auch „feierwürdig" findet oder nicht. Gestehen Sie sich einfach zu, sich an den Kleinigkeiten des Lebens zu erfreuen. Und vielleicht nehmen Sie sich auch einmal Zeit, um für sich selbst zu definieren, was Erfolg für Sie bedeutet. Wann haben Sie das Gefühl, einen guten Job gemacht zu haben? Und ist das dann nicht ein Grund zum Feiern?

1. Wochenimpuls:

Das Leben ist ein Geschenk

Warum ich der Meinung bin, dass das Leben ein Geschenk ist? Ganz einfach: Es schenkt uns die Möglichkeit, Erfahrungen zu sammeln. Kleine Kinder zeigen uns das jeden Tag aufs Neue. Jede Blume, jedes Tier, jeder Moment entlockt ihnen ein Staunen.

Unsere Lebenszeit ist unser wertvollstes Gut. Dabei ist es gleichgültig, ob wir unsere Erlebnisse mögen oder nicht: Unser Leben dient uns. Immer, jeden einzelnen Tag. Denn jede Erfahrung hat dazu beigetragen und trägt dazu bei, uns zu dem Menschen zu machen, der wir heute sind. Nichts im Leben geschieht, um uns zu „ärgern“. Könnten wir aufhören, unsere Erlebnisse zu bewerten, würden wir viel leichter erkennen: Mein Leben ist ein Geschenk.

Das Glück ist ein Schmetterling.
Jag ihm nach, und er entwischt dir.
Setz dich hin, und er lässt sich auf deiner Schulter nieder.
Anthony de Mello

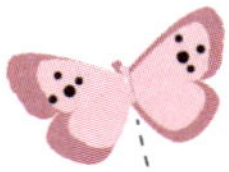

Dankbarkeit schenkt Lebensglück
Ich bin dankbar für:

Wundervolles für den Tag
Heute freue ich mich besonders auf:

Mein „Tagesmantra"
Dieser wohltuende Gedanke unterstützt mich heute:

Meine Vision
Ich mache die Welt für Kinder ein bisschen schöner, indem ich:

Zum Feiern
Das war im Alltag mit den Kindern heute richtig schön:

Wenn Du es träumen kannst,
kannst Du es auch tun.

Walt Disney

Dankbarkeit schenkt Lebensglück

Ich bin dankbar für:

Wundervolles für den Tag

Heute freue ich mich besonders auf:

Mein „Tagesmantra“

Dieser wohltuende Gedanke unterstützt mich heute:

Meine Vision

Ich mache die Welt für Kinder ein bisschen schöner, indem ich:

Zum Feiern

Das war im Alltag mit den Kindern heute richtig schön:

Das Glück deines Lebens hängt von der Beschaffenheit deiner Gedanken ab.

Marc Aurel

Dankbarkeit schenkt Lebensglück

Ich bin dankbar für:

Wundervolles für den Tag

Heute freue ich mich besonders auf:

Mein „Tagesmantra"

Dieser wohltuende Gedanke unterstützt mich heute:

Meine Vision

Ich mache die Welt für Kinder ein bisschen schöner, indem ich:

Zum Feiern

Das war im Alltag mit den Kindern heute richtig schön:

Achtsamkeit ist ein aufmerksames Beobachten, ein Gewahrsein, das völlig frei von Motiven oder Wünschen ist, ein Beobachten ohne jegliche Interpretation oder Verzerrung.
Jiddu Krishnamurti

Dankbarkeit schenkt Lebensglück
Ich bin dankbar für:

Wundervolles für den Tag
Heute freue ich mich besonders auf:

Mein „Tagesmantra"
Dieser wohltuende Gedanke unterstützt mich heute:

Meine Vision
Ich mache die Welt für Kinder ein bisschen schöner, indem ich:

Zum Feiern
Das war im Alltag mit den Kindern heute richtig schön:

Die Antwort ist Liebe, was auch immer die Frage ist.
Unbekannt

Dankbarkeit schenkt Lebensglück
Ich bin dankbar für:

Wundervolles für den Tag
Heute freue ich mich besonders auf:

Mein „Tagesmantra“
Dieser wohltuende Gedanke unterstützt mich heute:

Meine Vision
Ich mache die Welt für Kinder ein bisschen schöner, indem ich:

Zum Feiern
Das war im Alltag mit den Kindern heute richtig schön:

2. Wochenimpuls:

Alles, was wir mit Liebe berühren, wächst und blüht

Liebe ist die stärkste Kraft. Sie ist die Energie, die Berge versetzt und Leben entstehen lässt. Liebe heilt alles. Probieren Sie es aus: Die schwierigsten Situationen lösen sich, wenn wir liebevoll reagieren. Wie schnell entspannt sich eine Konfliktsituation, wenn wir zugewandt und ohne Vorwurf handeln. Ein ehrlich gemeintes Kompliment kann die ganze Atmosphäre erhellen.

Wir Menschen haben im Grunde alle die gleichen Bedürfnisse. Und: Je empathischer Sie sind, desto glücklicher werden auch Sie selbst sein. Das fällt manchmal schwer? Natürlich! Nur, mit jedem Mal wird es leichter und leichter. Fragen Sie sich in diesen Momenten einfach: Was würde die Liebe tun? Und ich bin mir sicher, Ihr Herz kennt die Antwort.

Ein Lächeln ist die kürzeste Entfernung zwischen zwei Menschen.
Unbekannt

Dankbarkeit schenkt Lebensglück

Ich bin dankbar für:

Wundervolles für den Tag

Heute freue ich mich besonders auf:

Mein „Tagesmantra"

Dieser wohltuende Gedanke unterstützt mich heute:

Meine Vision

Ich mache die Welt für Kinder ein bisschen schöner, indem ich:

Zum Feiern

Das war im Alltag mit den Kindern heute richtig schön:

Es sind nicht die äußeren Umstände, die das Leben verändern, sondern die inneren Veränderungen, die sich im Leben äußern.

Wilma Thomalla

Dankbarkeit schenkt Lebensglück

Ich bin dankbar für:

Wundervolles für den Tag

Heute freue ich mich besonders auf:

Mein „Tagesmantra“

Dieser wohltuende Gedanke unterstützt mich heute:

Meine Vision

Ich mache die Welt für Kinder ein bisschen schöner, indem ich:

Zum Feiern

Das war im Alltag mit den Kindern heute richtig schön:

Lächle, atme und gehe langsam.

Buddhistische Weisheit

Dankbarkeit schenkt Lebensglück

Ich bin dankbar für:

Wundervolles für den Tag

Heute freue ich mich besonders auf:

Mein „Tagesmantra"

Dieser wohltuende Gedanke unterstützt mich heute:

Meine Vision

Ich mache die Welt für Kinder ein bisschen schöner, indem ich:

Zum Feiern

Das war im Alltag mit den Kindern heute richtig schön:

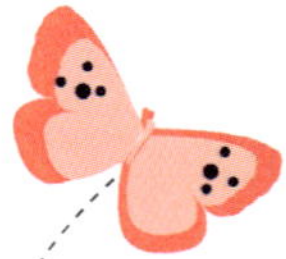

Es gibt keinen Weg zum Glück.
Glücklich sein ist der Weg.
Buddha

Dankbarkeit schenkt Lebensglück
Ich bin dankbar für:

Wundervolles für den Tag
Heute freue ich mich besonders auf:

Mein „Tagesmantra“
Dieser wohltuende Gedanke unterstützt mich heute:

Meine Vision
Ich mache die Welt für Kinder ein bisschen schöner, indem ich:

Zum Feiern
Das war im Alltag mit den Kindern heute richtig schön:

Es gibt nur zwei Tage im Jahr, an denen man nichts tun kann. Der eine ist Gestern, der andere Morgen.

Dalai Lama

Dankbarkeit schenkt Lebensglück

Ich bin dankbar für:

Wundervolles für den Tag

Heute freue ich mich besonders auf:

Mein „Tagesmantra“

Dieser wohltuende Gedanke unterstützt mich heute:

Meine Vision

Ich mache die Welt für Kinder ein bisschen schöner, indem ich:

Zum Feiern

Das war im Alltag mit den Kindern heute richtig schön:

3. Wochenimpuls:

Ihre Bestellung im Lebensrestaurant

Das Leben ist wie ein Restaurant: Auf die Bestellung kommt es an! Wenn Sie nicht wissen, was Sie bestellen wollen, kann der Kellner Ihnen nichts bringen. Wenn Sie ihm nur sagen, was Sie auf gar keinen Fall haben möchten, klappt es mit der Bestellung auch nicht. Erst wenn Sie auswählen und klar und deutlich formulieren, was Sie gerne hätten, kann der Kellner Sie gut bedienen.

Das kennen Sie vielleicht auch aus dem Kita-Alltag: Wenn ein Kind betont, dass ihm langweilig ist, aber keinen Ihrer Vorschläge aufgreift, können Sie ihm nicht aus seiner Langeweile heraushelfen. Und so ist es auch mit unserem Leben: Wenn wir nicht wissen, was wir wollen, oder nur wissen, was wir nicht erleben möchten, können wir nicht bedient werden. Nur, wenn wir genau wissen, was wir erleben wollen, erschaffen wir uns das Leben unserer Träume. Doch dafür müssen wir uns zuerst wieder erlauben zu träumen. Kinder machen uns jeden Tag auf wundervolle Weise vor, wie das mit dem Träumen geht: „Und stell dir vor, dann wäre ich … Und dann hätte ich … und dann würde ich …“ Und sie schaffen es auch, ihre Träume in die Realität zu übertragen.

Lachen ist die Musik der Seele.

Aus Irland

Dankbarkeit schenkt Lebensglück

Ich bin dankbar für:

Wundervolles für den Tag

Heute freue ich mich besonders auf:

Mein „Tagesmantra"

Dieser wohltuende Gedanke unterstützt mich heute:

Meine Vision

Ich mache die Welt für Kinder ein bisschen schöner, indem ich:

Zum Feiern

Das war im Alltag mit den Kindern heute richtig schön:

Bemühe Dich nicht, alles wissen zu wollen, sonst lernst Du nichts.

Euripides

Dankbarkeit schenkt Lebensglück

Ich bin dankbar für:

Wundervolles für den Tag

Heute freue ich mich besonders auf:

Mein „Tagesmantra"

Dieser wohltuende Gedanke unterstützt mich heute:

Meine Vision

Ich mache die Welt für Kinder ein bisschen schöner, indem ich:

Zum Feiern

Das war im Alltag mit den Kindern heute richtig schön:

Es sind die Begegnungen mit Menschen,
die das Leben lebenswert machen.
Guy de Maupassant

Dankbarkeit schenkt Lebensglück
Ich bin dankbar für:

Wundervolles für den Tag
Heute freue ich mich besonders auf:

Mein „Tagesmantra“
Dieser wohltuende Gedanke unterstützt mich heute:

Meine Vision
Ich mache die Welt für Kinder ein bisschen schöner, indem ich:

Zum Feiern
Das war im Alltag mit den Kindern heute richtig schön:

Ein Blick der Liebe und ein Wort der Ermunterung erreichen mehr als viele Vorwürfe.
Don Bosco

Dankbarkeit schenkt Lebensglück
Ich bin dankbar für:

Wundervolles für den Tag
Heute freue ich mich besonders auf:

Mein „Tagesmantra"
Dieser wohltuende Gedanke unterstützt mich heute:

Meine Vision
Ich mache die Welt für Kinder ein bisschen schöner, indem ich:

Zum Feiern
Das war im Alltag mit den Kindern heute richtig schön:

Das habe ich noch nie vorher versucht, also bin ich völlig sicher, dass ich es schaffe.

Astrid Lindgren, aus Pippi Langstrumpf

Dankbarkeit schenkt Lebensglück

Ich bin dankbar für:

Wundervolles für den Tag

Heute freue ich mich besonders auf:

Mein „Tagesmantra"

Dieser wohltuende Gedanke unterstützt mich heute:

Meine Vision

Ich mache die Welt für Kinder ein bisschen schöner, indem ich:

Zum Feiern

Das war im Alltag mit den Kindern heute richtig schön:

4. Wochenimpuls:

Sanftheit verzaubert

Niemand macht absichtlich Fehler! Jeder handelt immer gemäß seiner im Moment besten Option. Auch wenn es Situationen gibt, in denen Sie mit Ihrer Reaktion nicht glücklich waren, haben Sie Ihr Bestes gegeben. Vielleicht würden Sie es aus heutiger Sicht anders machen. Ja, dieser Vorsatz darf sein, und dennoch ist es so, wie es war, in Ordnung.

Gerade in Zeiten großen Wandels in Kitas ist es ganz normal, dass Sie Ihre eigene Handlungsweise immer wieder überdenken und neue Ziele und Pläne in Ihren Alltag integrieren. Das heißt jedoch keinesfalls, dass Sie bisher schlechte Arbeit geleistet hätten. Ganz im Gegenteil: Bisher war es gut, so wie es war. Und jetzt ist es Zeit für einen neuen Weg. Wenn Sie beginnen, sanfter und liebevoller mit sich selbst und anderen zu sein, aufhören, sich zu bewerten und zu vergleichen, öffnen Sie Ihr Herz jeden Tag ein bisschen mehr. Nach kurzer Zeit zeigt sich diese neue Sanftheit auch in Ihrer ganzen Ausstrahlung – Sie wirken und sind gelassener.

Das Herz gleicht einem Garten.
Es kann Mitgefühl oder Angst,
Groll oder Liebe wachsen lassen.
Was für Keimlinge willst Du darin anpflanzen?
Jack Kornfield

Dankbarkeit schenkt Lebensglück

Ich bin dankbar für:

Wundervolles für den Tag

Heute freue ich mich besonders auf:

Mein „Tagesmantra“

Dieser wohltuende Gedanke unterstützt mich heute:

Meine Vision

Ich mache die Welt für Kinder ein bisschen schöner, indem ich:

Zum Feiern

Das war im Alltag mit den Kindern heute richtig schön:

Fühlt im Herzen nur Liebe für andere.
Je mehr ihr das Gute in ihnen seht,
umso mehr werdet ihr euch selbst zum Guten ändern.
Paramahansa Yogananda

Dankbarkeit schenkt Lebensglück
Ich bin dankbar für:

Wundervolles für den Tag
Heute freue ich mich besonders auf:

Mein „Tagesmantra"
Dieser wohltuende Gedanke unterstützt mich heute:

Meine Vision
Ich mache die Welt für Kinder ein bisschen schöner, indem ich:

Zum Feiern
Das war im Alltag mit den Kindern heute richtig schön:

Geistesfrieden hat seine Wurzeln
in Zuneigung und Mitgefühl.
Das verlangt ein sehr hohes Maß
an Empfindsamkeit und Gefühl.
Dalai Lama

Dankbarkeit schenkt Lebensglück

Ich bin dankbar für:

Wundervolles für den Tag

Heute freue ich mich besonders auf:

Mein „Tagesmantra“

Dieser wohltuende Gedanke unterstützt mich heute:

Meine Vision

Ich mache die Welt für Kinder ein bisschen schöner, indem ich:

Zum Feiern

Das war im Alltag mit den Kindern heute richtig schön:

Sich ernsthaft um andere zu sorgen,
sowohl im privaten wie öffentlichen Leben,
würde uns der Welt, nach der wir uns so sehnen,
sehr viel näherbringen.

Nelson Mandela

Dankbarkeit schenkt Lebensglück

Ich bin dankbar für:

Wundervolles für den Tag

Heute freue ich mich besonders auf:

Mein „Tagesmantra“

Dieser wohltuende Gedanke unterstützt mich heute:

Meine Vision

Ich mache die Welt für Kinder ein bisschen schöner, indem ich:

Zum Feiern

Das war im Alltag mit den Kindern heute richtig schön:

Toleranz besteht nicht darin,
dass man die Ansicht eines anderen teilt,
sondern nur darin, dass man dem anderen das Recht einräumt,
überhaupt anderer Ansicht zu sein.

Viktor Frankl

Dankbarkeit schenkt Lebensglück

Ich bin dankbar für:

Wundervolles für den Tag

Heute freue ich mich besonders auf:

Mein „Tagesmantra"

Dieser wohltuende Gedanke unterstützt mich heute:

Meine Vision

Ich mache die Welt für Kinder ein bisschen schöner, indem ich:

Zum Feiern

Das war im Alltag mit den Kindern heute richtig schön:

5. Wochenimpuls:

Das eigene Talent entdecken

Ich bin fest davon überzeugt, dass jeder von uns seinen eigenen Sinn im Leben finden möchte, einen Beitrag leisten will zum Gelingen unserer Welt. Durch das eigene Sein, die individuelle Begabung oder das einzigartige Talent kann jeder dazu beitragen, dass unsere Welt ein bisschen schöner, liebevoller, gesünder und bunter wird. Auf diese Weise können wir uns als wirksam erleben. Und dieses Gefühl ist einfach wunderschön.

Bestimmt haben Sie ganz bestimmte Vorstellungen, Ziele und Träume gehabt, als Sie diesen Beruf ergriffen haben. Denn niemand wird aus Versehen pädagogische Fachkraft. Nur vergessen wir unser eigenes Talent oder unsere Motivation manchmal im Alltagsgefecht. Deshalb lade ich Sie ein, in einem ruhigen Moment nachzuspüren und sich zu erinnern, welche Vision Sie antreibt und motiviert: Warum haben Sie diesen Beruf ergriffen? Was möchten Sie bewirken? Und welche Talente haben Sie genau für diese Tätigkeit? Die Antworten lassen sich nicht erzwingen, wenn sie noch nicht da sind. Dann dürfen sie reifen, und irgendwann in einem unerwarteten Moment können sie gepflückt werden.

Die ursprüngliche Weisheit ist Intuition,
während alles spätere Wissen angelernt ist.
Ralph Waldo Emerson

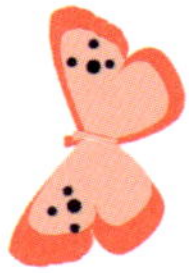

Dankbarkeit schenkt Lebensglück
Ich bin dankbar für:

Wundervolles für den Tag
Heute freue ich mich besonders auf:

Mein „Tagesmantra“
Dieser wohltuende Gedanke unterstützt mich heute:

Meine Vision
Ich mache die Welt für Kinder ein bisschen schöner, indem ich:

Zum Feiern
Das war im Alltag mit den Kindern heute richtig schön:

Der Geist wird reich durch das, was er empfängt,
das Herz durch das, was es gibt.
Victor Hugo

Dankbarkeit schenkt Lebensglück
Ich bin dankbar für:

Wundervolles für den Tag
Heute freue ich mich besonders auf:

Mein „Tagesmantra"
Dieser wohltuende Gedanke unterstützt mich heute:

Meine Vision
Ich mache die Welt für Kinder ein bisschen schöner, indem ich:

Zum Feiern
Das war im Alltag mit den Kindern heute richtig schön:

Nur in einem ruhigen Teich spiegelt sich das Licht der Sterne.
Chinesisches Sprichwort

Dankbarkeit schenkt Lebensglück
Ich bin dankbar für:

Wundervolles für den Tag
Heute freue ich mich besonders auf:

Mein „Tagesmantra“
Dieser wohltuende Gedanke unterstützt mich heute:

Meine Vision
Ich mache die Welt für Kinder ein bisschen schöner, indem ich:

Zum Feiern
Das war im Alltag mit den Kindern heute richtig schön:

Ein Ziel ist ein Traum mit Termin.

Unbekannt

Dankbarkeit schenkt Lebensglück

Ich bin dankbar für:

Wundervolles für den Tag

Heute freue ich mich besonders auf:

Mein „Tagesmantra"

Dieser wohltuende Gedanke unterstützt mich heute:

Meine Vision

Ich mache die Welt für Kinder ein bisschen schöner, indem ich:

Zum Feiern

Das war im Alltag mit den Kindern heute richtig schön:

Es gibt zwei Arten sein Leben zu leben:
Entweder so als wäre nichts ein Wunder
oder so als wäre alles eins.

Albert Einstein

Dankbarkeit schenkt Lebensglück

Ich bin dankbar für:

Wundervolles für den Tag

Heute freue ich mich besonders auf:

Mein „Tagesmantra“

Dieser wohltuende Gedanke unterstützt mich heute:

Meine Vision

Ich mache die Welt für Kinder ein bisschen schöner, indem ich:

Zum Feiern

Das war im Alltag mit den Kindern heute richtig schön:

6. Wochenimpuls:

Willst du Recht haben oder glücklich sein?

Jeder von uns betrachtet die Welt aus seiner eigenen Perspektive. Wir alle haben unterschiedliche Erfahrungen gemacht und unsere Schlussfolgerungen daraus gezogen. So hat jeder von uns seine ganz eigene Wahrnehmung und seinen ganz individuellen Blick. Das erleben wir zum Beispiel, wenn für den einen ein Gegenstand grün, für den anderen aber blau erscheint. Oder wenn Sie selbst die Geräuschkulisse im Gruppenraum als laut erleben, während die Kinder immer noch unbeeindruckt und fröhlich spielen.

Wenn wir erkennen, dass jeder seine individuelle Wahrheit erlebt, dann wird das Bedürfnis, Recht zu haben, natürlich sinnfrei. Deshalb gilt auch, dass der Verzicht auf einen allgemein gültigen Standpunkt glücklich macht. Aber müssen wir dann alles mögen? Nein, natürlich nicht. Wir können nur aufhören, andere von unserem Standpunkt überzeugen zu wollen, und mit unserer eigenen Meinung glücklich sein. Und manchmal wird dann die Sichtweise des anderen auf einmal interessant und plausibel.

Als ich mich selbst zu lieben begann, habe ich verstanden,
dass ich immer und bei jeder Gelegenheit,
zur richtigen Zeit am richtigen Ort bin
und dass alles, was geschieht, richtig ist –
von da an konnte ich ruhig sein.
Heute weiß ich: Das nennt man VERTRAUEN.

Charlie Chaplin

Dankbarkeit schenkt Lebensglück

Ich bin dankbar für:

Wundervolles für den Tag

Heute freue ich mich besonders auf:

Mein „Tagesmantra“

Dieser wohltuende Gedanke unterstützt mich heute:

Meine Vision

Ich mache die Welt für Kinder ein bisschen schöner, indem ich:

Zum Feiern

Das war im Alltag mit den Kindern heute richtig schön:

Die Herrschaft über den Augenblick ist die Herrschaft über das Leben.
Marie von Ebner-Eschenbach

Dankbarkeit schenkt Lebensglück
Ich bin dankbar für:

Wundervolles für den Tag
Heute freue ich mich besonders auf:

Mein „Tagesmantra“
Dieser wohltuende Gedanke unterstützt mich heute:

Meine Vision
Ich mache die Welt für Kinder ein bisschen schöner, indem ich:

Zum Feiern
Das war im Alltag mit den Kindern heute richtig schön:

Der eine wartet, dass die Zeit sich wandelt,
der andere packt sie an und handelt.
Dante Alighieri

Dankbarkeit schenkt Lebensglück
Ich bin dankbar für:

Wundervolles für den Tag
Heute freue ich mich besonders auf:

Mein „Tagesmantra"
Dieser wohltuende Gedanke unterstützt mich heute:

Meine Vision
Ich mache die Welt für Kinder ein bisschen schöner, indem ich:

Zum Feiern
Das war im Alltag mit den Kindern heute richtig schön:

Wer neue Antworten will, muss neue Fragen stellen.

Johann Wolfgang von Goethe

Dankbarkeit schenkt Lebensglück

Ich bin dankbar für:

Wundervolles für den Tag

Heute freue ich mich besonders auf:

Mein „Tagesmantra"

Dieser wohltuende Gedanke unterstützt mich heute:

Meine Vision

Ich mache die Welt für Kinder ein bisschen schöner, indem ich:

Zum Feiern

Das war im Alltag mit den Kindern heute richtig schön:

Wie lange ich lebe, liegt nicht in meiner Macht;
dass ich aber, solange ich lebe, wirklich lebe,
das hängt von mir ab.

Lucius Annaeus Seneca

Dankbarkeit schenkt Lebensglück

Ich bin dankbar für:

Wundervolles für den Tag

Heute freue ich mich besonders auf:

Mein „Tagesmantra"

Dieser wohltuende Gedanke unterstützt mich heute:

Meine Vision

Ich mache die Welt für Kinder ein bisschen schöner, indem ich:

Zum Feiern

Das war im Alltag mit den Kindern heute richtig schön:

7. Wochenimpuls:

Sich selbst in den Lift setzen

Wir fühlen mit, wenn andere traurig sind, und lachen, wenn andere fröhlich sind. Menschen gehen fast immer in Resonanz. Allerdings können wir entscheiden, ob wir mitleiden oder mitfühlen wollen. Was ist da der Unterschied? Wenn wir mitleiden, empfinden wir das gleiche negative Gefühl wie unser Gegenüber. Doch fühlen wir mit, bleiben wir in unserer Kraft und bieten dem anderen eine stützende Hand. Sie können sich das wie eine Liftfahrt vorstellen: Leiden wir mit, fahren wir gemeinsam emotional in den Keller. Fühlen wir mit, nehmen wir den anderen emotional mit nach oben. Als Erwachsene können wir entscheiden, in welchen Lift wir einsteigen wollen. Negative Emotionen wirken immer belastend, positive Gefühle bestärkend.

Wenn wir ein friedlicheres Leben anstreben, dürfen wir liebevoll mit uns und allen anderen umgehen. Immer in dem Wissen, dass jeder im Moment sein Bestes gibt. Wer sich uns gegenüber komisch verhält, zeigt damit lediglich, dass er mit sich selbst gerade nicht klarkommt, überfordert oder einfach mit dem falschen Bein aufgestanden ist. Folglich könnten wir, statt uns aufzuregen oder mitzuleiden, empathisch und mitfühlend reagieren – und gemeinsam den Lift nach oben nehmen. Denn dort ist die Luft immer besser!

Es gibt nur zwei Sünden:
zu wünschen ohne zu handeln und zu handeln ohne Ziel.
Ayu Rand

Dankbarkeit schenkt Lebensglück
Ich bin dankbar für:

Wundervolles für den Tag
Heute freue ich mich besonders auf:

Mein „Tagesmantra“
Dieser wohltuende Gedanke unterstützt mich heute:

Meine Vision
Ich mache die Welt für Kinder ein bisschen schöner, indem ich:

Zum Feiern
Das war im Alltag mit den Kindern heute richtig schön:

Wenn du ein Problem hast, versuche es zu lösen. Kannst du es nicht lösen, dann mache kein Problem daraus.

Buddha

Dankbarkeit schenkt Lebensglück

Ich bin dankbar für:

Wundervolles für den Tag

Heute freue ich mich besonders auf:

Mein „Tagesmantra“

Dieser wohltuende Gedanke unterstützt mich heute:

Meine Vision

Ich mache die Welt für Kinder ein bisschen schöner, indem ich:

Zum Feiern

Das war im Alltag mit den Kindern heute richtig schön:

Die Liebe und das Mitgefühl sind die Grundlagen für den Weltfrieden – auf allen Ebenen.
Dalai Lama

Dankbarkeit schenkt Lebensglück
Ich bin dankbar für:

Wundervolles für den Tag
Heute freue ich mich besonders auf:

Mein „Tagesmantra"
Dieser wohltuende Gedanke unterstützt mich heute:

Meine Vision
Ich mache die Welt für Kinder ein bisschen schöner, indem ich:

Zum Feiern
Das war im Alltag mit den Kindern heute richtig schön:

Achte einfach auf den jetzigen Moment, ohne zu versuchen,
ihn auf irgendeine Weise zu verändern.
Was passiert? Was fühlst du?
Was siehst du? Was hörst du?
Jon Kabat-Zinn

Dankbarkeit schenkt Lebensglück
Ich bin dankbar für:

Wundervolles für den Tag
Heute freue ich mich besonders auf:

Mein „Tagesmantra"
Dieser wohltuende Gedanke unterstützt mich heute:

Meine Vision
Ich mache die Welt für Kinder ein bisschen schöner, indem ich:

Zum Feiern
Das war im Alltag mit den Kindern heute richtig schön:

Das Heute jedoch – recht gelebt – macht jedes Gestern zu einem Traum voller Glück und jedes Morgen zu einer Vision voller Hoffnung. Darum achte gut auf diesen Tag!

Rumi

Dankbarkeit schenkt Lebensglück

Ich bin dankbar für:

Wundervolles für den Tag

Heute freue ich mich besonders auf:

Mein „Tagesmantra“

Dieser wohltuende Gedanke unterstützt mich heute:

Meine Vision

Ich mache die Welt für Kinder ein bisschen schöner, indem ich:

Zum Feiern

Das war im Alltag mit den Kindern heute richtig schön:

8. Wochenimpuls:

Das Wichtigste ist die Beziehung zu anderen

Wir Menschen streben nach erfüllenden und glücklichen Beziehungen. Und dennoch scheitern so viele Beziehungen daran, dass uns das „Rechthaben“ wichtiger ist als die Beziehung an sich. Wenn wir uns jedoch wiederholt vergegenwärtigen, dass jeder die Welt durch seine eigene Brille wahrnimmt, können wir verstehen, dass unterschiedliche Meinungen oder Empfindungen ganz selbstverständlich und natürlich sind. Dann können wir dem anderen auch unvoreingenommen begegnen und uns für seine Sichtweise interessieren, ohne uns angegriffen zu fühlen.

Auch im Zusammensein mit den Kindern ist nichts wichtiger als die Beziehung an sich. Ganz konkret bedeutet das, dass zum Beispiel die Weigerung, ein Spielzeug aufzuräumen, niemals Grund für Kritik an der Person des betreffenden Kindes sein darf. Miteinander in Beziehung zu sein bedeutet, einander liebevoll zu begegnen, und nicht, immer einer Meinung zu sein. Es geht darum, sich einzufühlen in das Gegenüber – sei es Kind, Kollege, Chef, Partner … Dann werden wir erkennen, wie wichtig glückliche Beziehungen im Leben sind.

Die meisten Menschen wenden mehr Zeit und Kraft daran, um die Probleme herumzureden, als sie anzupacken.
Henry Ford

Dankbarkeit schenkt Lebensglück
Ich bin dankbar für:

Wundervolles für den Tag
Heute freue ich mich besonders auf:

Mein „Tagesmantra"
Dieser wohltuende Gedanke unterstützt mich heute:

Meine Vision
Ich mache die Welt für Kinder ein bisschen schöner, indem ich:

Zum Feiern
Das war im Alltag mit den Kindern heute richtig schön:

Die größte Entscheidung deines Lebens liegt darin, dass Du Dein Leben ändern kannst, indem Du Deine Geisteshaltung änderst.

Albert Schweitzer

Dankbarkeit schenkt Lebensglück

Ich bin dankbar für:

Wundervolles für den Tag

Heute freue ich mich besonders auf:

Mein „Tagesmantra"

Dieser wohltuende Gedanke unterstützt mich heute:

Meine Vision

Ich mache die Welt für Kinder ein bisschen schöner, indem ich:

Zum Feiern

Das war im Alltag mit den Kindern heute richtig schön:

Alle denken nur darüber nach, wie man die Menschheit ändern könnte, doch niemand denkt daran, sich selbst zu ändern.

Leo N. Tolstoi

Dankbarkeit schenkt Lebensglück

Ich bin dankbar für:

Wundervolles für den Tag

Heute freue ich mich besonders auf:

Mein „Tagesmantra“

Dieser wohltuende Gedanke unterstützt mich heute:

Meine Vision

Ich mache die Welt für Kinder ein bisschen schöner, indem ich:

Zum Feiern

Das war im Alltag mit den Kindern heute richtig schön:

Achte auf deine Gedanken! Sie sind der Anfang deiner Taten.
Chinesische Weisheit

Dankbarkeit schenkt Lebensglück
Ich bin dankbar für:

Wundervolles für den Tag
Heute freue ich mich besonders auf:

Mein „Tagesmantra“
Dieser wohltuende Gedanke unterstützt mich heute:

Meine Vision
Ich mache die Welt für Kinder ein bisschen schöner, indem ich:

Zum Feiern
Das war im Alltag mit den Kindern heute richtig schön:

Alles Glück der Welt entsteht aus dem Wunsch, dass andere glücklich sein mögen.

Unbekannt

Dankbarkeit schenkt Lebensglück

Ich bin dankbar für:

Wundervolles für den Tag

Heute freue ich mich besonders auf:

Mein „Tagesmantra“

Dieser wohltuende Gedanke unterstützt mich heute:

Meine Vision

Ich mache die Welt für Kinder ein bisschen schöner, indem ich:

Zum Feiern

Das war im Alltag mit den Kindern heute richtig schön:

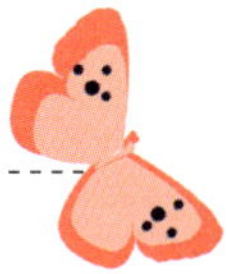

9. Wochenimpuls:

Sich selbst mit liebevollen Augen betrachten

Erinnern Sie sich daran oder erleben Sie es gerade, wie es sich anfühlt, verliebt zu sein? Wie gut Sie sich fühlen, wenn die Liebe erwidert wird? Und geht es Ihnen auch so, dass Sie in dieser Situation mit vielen Begebenheiten im Alltag, die Sie sonst gestört hätten, völlig gelassen umgehen können?

Woran mag das liegen? Wenn wir verliebt sind, fühlen wir uns attraktiv, begehrt, hinreißend – einfach gut auf der ganzen Linie. Und wer sich gut fühlt, kann sich selbst mehr und mehr annehmen, so wie er ist. Sich selbst zu lieben bedeutet, dass die Tür zum eigenen Herzen für einen selbst offen ist. Wir gehen dann liebevoll mit uns selbst um. Und je liebevoller wir mit uns selbst sind, desto gefestigter sind wir und umso weniger stören wir uns an unserem Umfeld. Wenn Ihnen also auffallen sollte, dass Sie sich häufiger über dies oder das aufregen, wäre es ein guter erster Schritt, sich selbst einmal wieder mit liebevollen Augen zu betrachten und etwas Gutes zu tun.

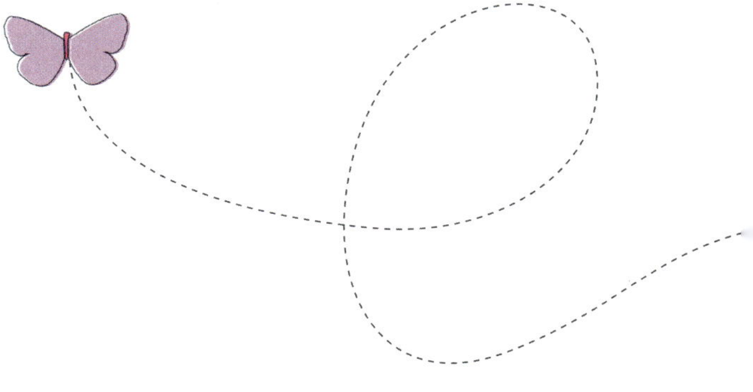

Das Wichtigste ist, dass wir zu uns selbst zurückkehren.

Tibetische Weisheit

Dankbarkeit schenkt Lebensglück

Ich bin dankbar für:

Wundervolles für den Tag

Heute freue ich mich besonders auf:

Mein „Tagesmantra"

Dieser wohltuende Gedanke unterstützt mich heute:

Meine Vision

Ich mache die Welt für Kinder ein bisschen schöner, indem ich:

Zum Feiern

Das war im Alltag mit den Kindern heute richtig schön:

Es ist so leicht, unwillkommene und unliebsame Gedanken zurückzuweisen, und schon hat man seine Ruhe wieder.

Marc Aurel

Dankbarkeit schenkt Lebensglück

Ich bin dankbar für:

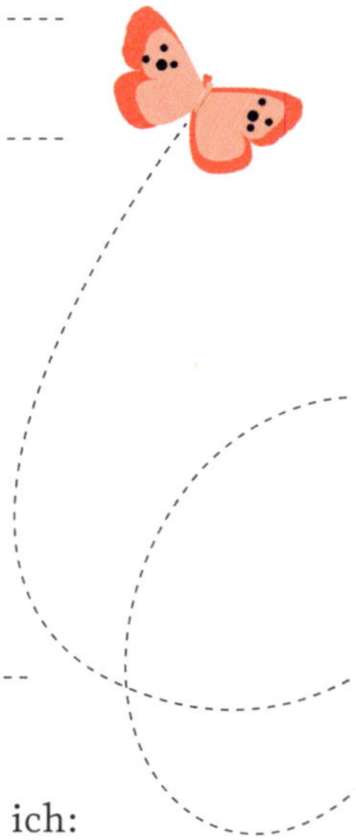

Wundervolles für den Tag

Heute freue ich mich besonders auf:

Mein „Tagesmantra“

Dieser wohltuende Gedanke unterstützt mich heute:

Meine Vision

Ich mache die Welt für Kinder ein bisschen schöner, indem ich:

Zum Feiern

Das war im Alltag mit den Kindern heute richtig schön:

Die wahre Lebensweisheit besteht darin,
im Alltäglichen das Wunderbare zu sehen.
Pearl S. Buck

Dankbarkeit schenkt Lebensglück
Ich bin dankbar für:

Wundervolles für den Tag
Heute freue ich mich besonders auf:

Mein „Tagesmantra“
Dieser wohltuende Gedanke unterstützt mich heute:

Meine Vision
Ich mache die Welt für Kinder ein bisschen schöner, indem ich:

Zum Feiern
Das war im Alltag mit den Kindern heute richtig schön:

Das Glück kommt zu denen, die lachen.

Japanische Weisheit

Dankbarkeit schenkt Lebensglück

Ich bin dankbar für:

Wundervolles für den Tag

Heute freue ich mich besonders auf:

Mein „Tagesmantra“

Dieser wohltuende Gedanke unterstützt mich heute:

Meine Vision

Ich mache die Welt für Kinder ein bisschen schöner, indem ich:

Zum Feiern

Das war im Alltag mit den Kindern heute richtig schön: